5,95

CW01632111

Érase una vez un río...

MONTAÑA
ENCANTADA

José Cañas Torregrosa

Ilustrado por Javier Olivares

Érase una vez un río...

EVEREST

Dirección editorial: Raquel López Varela
Coordinación Editorial: Ana María García Alonso
Esteban González
Coordinación de la serie de Teatro: José Cañas
Maquetación: Cristina A. Rejas Manzanera

Diseño de cubierta: Jesús Cruz

Carretera León-La Coruña, km 5 - LEÓN
ISBN: 84-241-8741-5
Depósito legal: LE. 99-2005
Printed in Spain - Impreso en España

EDITORIAL EVERGRÁFICAS, S. L.
Carretera León-La Coruña, km 5
LEÓN (España)

Personajes por orden de aparición:

Truchino, joven y valeroso.
Mamá Trucha, viuda y curiosa.
Don Sucio, cangrejo mutante con enormes y oscuras pretensiones.
Conta, otro cangrejo, servidor del anterior.
Mina, cangrejo hembra, esposa de Conta.
Simón, el salmón, vigilante fluvial.
Trucha 1, macho muy respetable.
Trucha 2, esposa del anterior, bastante intransigente.
Trucha 3, otro macho distinguido.

Trucha 4, esposa del anterior y de la misma condición.
Trucha 5, jovencita y asustadiza.
Barbo Singarbo, curiosamente reumático.
Carpa Maestro
Carpa Escolar 1
Carpa Escolar 2
Carpa Escolar 3
Carpa Escolar 4
Carpa Escolar 5

ÉRASE UNA VEZ UN RÍO... es un espectáculo de sombras con una historia un tanto particular: combina elementos propios del lenguaje, tanto oral como corporal, y de las imágenes, así como elementos sonoros y técnico-audiovisuales. Pero hay que reflejar antes de nada que los verdaderos protagonistas de esta historia son, como siempre, los niños y las niñas que se adentran en el maravilloso mundo del teatro, proyectando vidas, transformándose, mágicamente, en otras personas, ampliando así su visión del mundo y de las cosas. Sólo por eso, merece la pena representarla.

Off:

Érase una vez un río. Era un río largo, a veces profundo, a veces cercano; un río limpio.

Las algas hacían cosquillas desde el fondo, y por arriba, las aguas se movían claras y transparentes.

Aquel río era una línea cristalina a la que le gustaba serpentear y dar rodeos. Buscaba el mar desde su nacimiento, joven y bravo, allá en las montañas, pero cuando llegaba a la desembocadura, el río se volvía tierno y meloso, como buscando y anhelando la caricia firme de lo salado.

Entonces el río se dejaba abrazar por el mar, mucho más fuerte, y en ese abrazo se fundían y se hacían uno.

Como era un río vivo, la vida le había elegido. No sólo había peces. También insectos, plantas… Los pájaros saciaban su sed. El campo que escoltaba, verde y espléndido en sus orillas, también lo hacía.

En aquel río, en su parte norte, entre montañas jóvenes y en medio de tanta vida, una mamá Trucha se encontraba feliz con su hijo.

(Transición musical. Aparecen los dos personajes citados.)

TRUCHINO:

Mamá, mamá... Ya me he comido diez algas. ¿Puedo ir a jugar ya?

MAMÁ TRUCHA:

Cuando te comas otras cinco.

TRUCHINO:

¿Otras cinco?

MAMÁ TRUCHA:

Sí, hijito.

TRUCHINO:

¿Por qué?

MAMÁ TRUCHA:

Tienes que crecer.

TRUCHINO:

¿Crecer? ¿Para qué?

MAMÁ TRUCHA:

Pues para hacerte cuanto antes un pez grande, grande.

TRUCHINO:

¿Sí?

MAMÁ TRUCHA:

Sí. Así no te comerá otro pez..., salvo que sea aún más grande que tú.

TRUCHINO:

¡Qué miedo! No dejarás que eso suceda, ¿verdad?

MAMÁ TRUCHA:

Por supuesto que no, hijo.

TRUCHINO:

Mamá, soy feliz estando contigo.

MAMÁ TRUCHA:

Yo también.

(El pescadito come las algas bajo la atenta mirada de su madre.)

TRUCHINO:

¿Puedo jugar?

Mamá Trucha:

¿Dónde? ¿Con quién?

Truchino:

Mira, junto a aquel meandro se reúnen todos los días muchos peces de mi edad. ¿Puedo? ¿Sí?

Mamá Trucha:

Bueno, te lo había prometido. Juega un rato. Pero no tardes, ¿eh?

Truchino:

No, mamá.
¡Gracias!

Mamá Trucha:

(Mientras se marcha su hijo, suspirando) ¡Ay, qué rápido pasa el tiempo! Hace nada era solamente un tierno alevín. *(Nuevo y profundo suspiro)* Hoy se va solo. ¡Ay!

(Transición musical. Desde la superficie se ve cómo cae un enorme bidón. Lleva marcado la calavera y las tibias, señal de máximo peligro. Finalmente se posa tranquilo en el fondo. La madre ha asistido perpleja a este vertido.)

Mamá Trucha:

Pero, ¿qué es esto? *(Mamá Trucha rodea el bidón. Lo toca con curiosidad)* Nunca había visto nada igual.

(La madre continúa observando. Hay una transición musical. Aparece entonces un extraño ser, similar a un cangrejo de río, con caparazón y extravagantes antenas. Como Mamá Trucha, curiosa, no se ha percatado de su presencia, es fácil presa del extraño visitante, que la sorprende por detrás.)

Don Sucio:

¡Quieta ahí!

Mamá Trucha:

¡Ay! ¡Qué susto!

Don Sucio:

¿Qué haces metiendo tus agallas en mis asuntos?

Mamá Trucha:

¡Perdone! No sabía que esto tan raro tenía dueño.

DON SUCIO:
¡Pues claro que sí! Es mío. Y sólo mío.

MAMÁ TRUCHA:
Lo siento. ¿Qué es? ¿Qué hay dentro?

DON SUCIO:
Poco a poco, señora. Digamos que se trata de un vehículo muy especial...

MAMÁ TRUCHA:
No le entiendo...

DON SUCIO:
Está muy claro, o mejor dicho, muy oscuro.

MAMÁ TRUCHA:
¡Pues explíquese!

DON SUCIO:
En este vehículo viajan no sólo mi comida sino también mis ayudantes.

MAMÁ TRUCHA:
¿Cómo dice?

DON SUCIO:
Lo que has oído. Y ahora me ayudarás a abrirlo.

MAMÁ TRUCHA:

¿Yo? ¿Cómo?

DON SUCIO:

Es fácil. Con mis pinzas poderosas y el empuje de tus aletas.

MAMÁ TRUCHA:

No sé si…

DON SUCIO:

Sólo tienes que levantar la tapa.

MAMÁ TRUCHA:

Sigo sin entender nada, pero, en fin, le ayudaré.

(Don Sucio hace como que utiliza sus manos-pinzas a modo de abrelatas y Mamá Trucha levanta a continuación la tapa. Pronto salen del bidón, por la parte superior, otros dos extraños seres, similares a don Sucio, uno macho y otro hembra. Algún detalle tópico les identifica, lacito en Mina, por ejemplo.)

Conta:

¡Don Sucio! ¡Qué alegría volver a verle!

Mina:

¡Don Sucio! ¡Qué bien que está!

Don Sucio:

¡Hola, Conta! ¡Hola, Mina!

Conta:

¡Puntual! ¡Tal como nos dijo!

Don Sucio:

Prometí que les abriría el camino y lo preparararía todo.

Conta:

Y así ha sido.

Don Sucio:

He cumplido. Por fin llegó la hora.

Conta:

¡Cierto!

Mina:

Usted siempre cumple sus promesas.

Don Sucio:

Exacto. Por cierto, ¿cómo marcha la fábrica?

Conta:

Como estaba previsto.

Mina:

Crece y crece sin parar.

Conta:

Los humanos producen cada día más.

Mina:

No tienen límites.

CONTA:

Y no saben otra forma de eliminar los residuos.

DON SUCIO:

¡Sólo les queda el río!

CONTA:

¡Nuestro río!

Don Sucio:

(Corrigiendo) ¡Mi río!

Conta:

¡Eso, eso! ¡Su río!

Mina:

¡Así, pronto seremos más!

Conta:

¡Qué bien!

Mamá Trucha:

(Que se ha mantenido al margen) ¿Más… qué?

Conta:

¿Qué hace aquí esta “pescadilla”?

Mina:

¡Eso! ¿Quién eres tú?

MAMÁ TRUCHA:

¡Eh, oiga! ¡Un respeto! Soy una señora. Me llamo Adela Canales, viuda de Trucho Ribera, la trucha varón más grande al norte de este río.

MINA:

(Curiosamente intrigada) ¿Viuda? ¿Tan joven? Pero, ¿qué le pasó a su esposo?

MAMÁ TRUCHA:

Él… era demasiado tragón.

MINA:

(Señalando a su pareja) Como mi marido.

MAMÁ TRUCHA:

Nunca se conformaba con lo que había en casa…

MINA:

¿Y?

MAMÁ TRUCHA:

Le gustaba comer entre horas. Un día le atrajo un gusano verde…

MINA:

¿Un gusano verde?

Mamá Trucha:

Y brillante. Rígido. Como sin vida.

Mina:

¡Qué asco!

Don Sucio:

¡Qué rico!

Mamá Trucha:

Mi esposo nadó hasta el gusano para comérselo. *(Pausa)* ¡Ay! Yo le avisé pero no me escuchó.

Mina:

(Mirando a Conta) Los machos suelen escuchar poco.

Conta:

(Defendiéndose) ¡Mina! Por favor…

Mina:

¿Es acaso mentira?… Continúe, señora Canales.

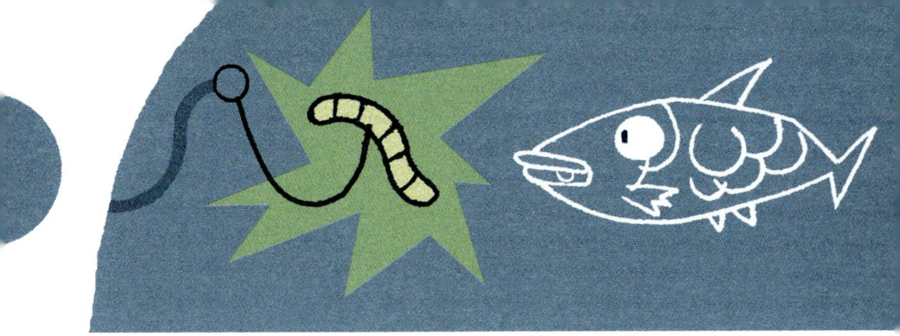

Mamá Trucha:

Cuando se tragó el gusano, no pudo mover la boca, como si una fuerza enorme se la cerrara.

Mina:

¿Y?

Mamá Trucha:

(Cada vez más triste) … Y luego algo le hizo subir rápidamente hasta donde el agua se acaba. *(Pausa)* Vi desesperada cómo lo agarraba un humano y lo metía en una cesta. *(Compungida, llorosa)* No pude despedirme de él.

Mina:

¡Qué historia más triste!

Don Sucio:

¡Vamos, vamos! No estamos aquí para oír estupideces…

CONTA:

¡Eso es!

DON SUCIO:

¡Tenemos mucho trabajo!

CONTA:

(A Mina) El jefe tiene razón.

DON SUCIO:

Marchemos. El campamento no está muy lejos.

CONTA:

¿Habrá allí algo para comer? ¡Me muero de hambre!

DON SUCIO:

Quedan algunas latas, pero además, con los desechos de este barril tendremos para alimentarnos bastante tiempo. También están mis algas azules…

MINA:

¿Azules?

CONTA:

(Pelotillero, como siempre) Sí, ¿qué pasa?, es un color simpático.

Mamá Trucha:
¡Las algas siempre han sido verdes y sólo verdes!

Don Sucio:
(A Mamá Trucha) ¡Calla de una vez!

Mina:
Pronto arrojarán más y más bidones.

Conta:
Y llegarán otros compañeros.

Don Sucio:
¡Qué bien! Yo gobernaré sobre ellos... Y sobre todo el río.

Mamá Trucha:
(Asustada y con clara intención de querer marcharse) Bueno, señores, me voy. También yo tengo trabajo.

Don Sucio:

(Sujetándola) De eso nada; usted se viene con nosotros.

Conta:

¡Eso!

Don Sucio:

No quiero que nadie conozca nuestras intenciones por ahora.

Mamá Trucha:

Pero si yo no...

Conta:

Ya ha oído al jefe.

Mina:

Tal vez la señora Canales no se enteró de nada. Es mejor dejarla marchar.

Don Sucio:

¿Cómo dices?

Conta:

(Recriminándola enérgicamente) ¡Mina! ¿Cómo te atreves a contradecir a don Sucio?

Mina:

Perdón, perdón... Lo decía porque esta señora me da lástima.

Don Sucio:

En este río no hay lugar para la lástima.

Conta:

Claro que no.

Don Sucio:

Si queremos un río gris y oscuro, un río sin más vida que la nuestra, luchemos sin descanso… y sin escrúpulos.

Conta:

¡Eso es! ¡Qué ideas! ¡Qué inteligencia! ¡Por algo el jefe es el jefe!

Don Sucio:

En marcha. Empujad vosotros el bidón mientras yo me llevo a la trucha.

Mamá Trucha:

¡No, por favor, no! ¡Mi hijo! ¡Me necesita!

Mina:

¡Pobre! ¿Tiene un hijo?

Conta:

¿Otra vez, Mina? ¡Uf! ¡Es mejor marcharse!

(Hacen lo que les han mandado. A través de la pantalla de sombras se ve como Mamá Trucha forcejea con don Sucio. Pequeña transición musical hasta que los personajes desaparezcan.)

OFF:

Y los cuatro dejaron el lugar, quedando sólo en el fondo, un rastro poco claro y una ausencia muy, muy grande.

(Otra transición musical.
Un gran salmón recorre ahora
el escenario. Aparece igualmente
Truchino por el otro lado. Se encuentra
con el salmón que no deja de observarle.)

Truchino:

(Después de un tiempo prudencial) ¿Qué ocurre? ¿Por qué me mira así?

Salmón Simón:

Me llamo Simón. Soy un salmón… Un salmón vigilante.

Truchino:

Mucho gusto; yo soy Truchino.

Salmón Simón:

¿Sabes? Te pareces mucho a la señora que acaban de llevarse a la fuerza.

Truchino:

(Muy alarmado) ¿Cómo dice?

Salmón Simón:

Sí. Un tipejo bastante raro le tiraba de su aleta derecha, mientras que otros dos empujaban un objeto igualmente extraño.

Truchino:

¡Mamá! ¡Oh, no! ¡Voy a salvarla!

Salmón Simón:

¡Espera! Son peligrosos, sobre todo el que se llevó a tu madre.

Truchino:

¡No me importa! ¡Sólo la tengo a ella!

Salmón Simón:

Eres muy valiente.

Truchino:

¿Me acompaña?

Salmón Simón:

Verás... No puedo ayudarte. Tengo una familia que alimentar...

TRUCHINO:

¡Ah!

SALMÓN SIMÓN:

... Y toda una orilla que vigilar. Soy, como dije, vigilante fluvial.

TRUCHINO:

No se preocupe; lo entiendo.

SALMÓN SIMÓN:

Sólo te diré que al "cangrejo" que se llevó a tu madre lo vi antes en la zona de las Rocas Desdentadas.

Truchino:

Quizá tenga allí su escondite.

Salmón Simón:

Con toda probabilidad. Ten mucho cuidado, jovencito.

Truchino:

Gracias; gracias por todo.

Salmón Simón:

No tienes por qué darlas. Si yo pudiera...

(Aparece un grupo de truchas; se trata de dos parejas, una de ellas, con su hija pequeña. El grupo se muestra sorprendido. Se coloca a un lado del escenario frente a Truchino.)

TRUCHA 1:
(Suficiente, importante) ¿Qué pasa? ¿Qué sucede?

TRUCHINO:
¡Hola, señor pariente! ¡Secuestraron a mamá!

TRUCHA 2:

(Con mal genio) ¡Vaya! ¡Qué cosas!

TRUCHA 3:

(Sentencioso) El río cada vez marcha peor.

TRUCHA 4:

Es cierto, querido. Ya no puede una ni nadar sola.

TRUCHA 5:

(Atemorizada) ¿Y también se llevan a las truchas pequeñas? ¡Qué miedo!

TRUCHINO:

Yo no lo sé, pero tenemos que hacer algo, ¿no creen?

TRUCHA 1:

Verás, pequeño... No nos gusta meternos en líos. Somos peces importantes.

TRUCHA 2:

¡Eso! Bastante tenemos con nuestras cosas.

TRUCHA 4:

Mi hijita está creciendo. Pronto será una trucha casadera.

TRUCHA 5:

¡Ay, ojalá!

TRUCHA 3:

No podemos mezclarnos en asuntos poco claros.

TRUCHA 5:

Aunque el río cada día está más sucio, papi…

TRUCHINO:

Seguro que esos secuestradores tienen la culpa. ¡Ayúdenme!

TRUCHA 1:

¡Hemos dicho que no! Nada se nos ha perdido.

TRUCHINO:

Por favor..., háganlo por su pariente...

TRUCHA 3:

Si tuviéramos que hacer un favor a cada pariente...

TRUCHA 4:

Con la cantidad de truchas que hay en este río.

TRUCHINO:

Sin su ayuda, pronto seremos pocas..., me temo.

TRUCHA 5:

De veras que lo sentimos, pero ya oíste a mis papis. Búscame... si regresas. ¿Sabes? Eres muy guapo.

TRUCHINO:

Gracias, pero eso ahora importa poco. Debo marcharme. Adiós.

(Transición musical. Truchino nada ahora hasta que un barbo extremadamente lento lo detiene.)

BARBO SINGARBO:
¡Eh! ¿Dónde vas tan solo y con tanta prisa?

TRUCHINO:
¡Ah, hola, señor barbo! Busco a mamá.

BARBO SINGARBO:
¿A tu madre? ¿Dónde se encuentra?

TRUCHINO:
No lo sé. Quizá en las Rocas Desdentadas. Al menos, allí la vieron.

BARBO SINGARBO:
Triste lugar, y muy oscuro. Cada día más.

TRUCHINO:
Unos malvados la tienen secuestrada. Quiero salvarla.

BARBO SINGARBO:

Difícil tarea para un pez tan pequeño.

TRUCHINO:

Con su ayuda, sería más fácil.

BARBO SINGARBO:

¡Uf! Me es imposible, hijo, tengo reuma.

TRUCHINO:

¿Cómo dice? ¿Un pez, reuma?

BARBO SINGARBO:

Sé que es muy raro, pero lo padezco desde hace tiempo.

TRUCHINO:

Pero nosotros los peces siempre andamos rodeados de agua y el reuma es señal de humedad.

BARBO SINGARBO:

Sí, pero ya ni el agua parece agua. Por eso yo muevo mis pobres aletas así, lentamente, con dificultad.

TRUCHINO:

Entonces, perdone, debo marcharme. Tengo mucha prisa.

BARBO SINGARBO:

Suerte, amigo, y, por favor, encuentra a tu mamá.

(De nuevo, transición musical. Algún cambio en el decorado nos delata que Truchino sigue avanzando. La pantalla lo ocupa finalmente un grupo de carpas escolares con su maestro al frente. Viajan muy contentos al ir de excursión. Truchino les adelanta.)

CARPA MAESTRO:
¡Eh, chico! ¡No nade tan rápido. Puede lastimarse o lastimar a alguien.

TRUCHINO:
Perdone, señor, pero es que nado a toda prisa porque deseo liberar a mi madre...

CARPA ESCOLAR 1:
(Muy interesado, como lo estarán los demás) ¿Liberar a quién?

TRUCHINO:
A mi mamá. Unos cangrejos malvados se la han llevado.

CARPA ESCOLAR 2:
¡Cobardes!

Carpa Escolar 3:

¡Sinvergüenzas!

Carpa Escolar 4:

¿Y por qué se la han llevado? ¿Piden rescate?

Carpa Escolar 5:

¿Eres rico?

Carpa Maestro:

Chicos, chicos... No molesten... No pregunten tanto.

Truchino:

No importa, señor, no me molestan.

Carpa Maestro:

Cuéntenos lo que quiera, pequeño, si con ello se queda mejor.

Truchino:

Gracias. No sé quiénes son ni sé por qué lo han hecho.

Carpa Escolar 1:

¿Entonces?

Truchino:

Sólo sé que pueden estar en las Rocas Desdentadas.

Carpa Escolar 2:

¡Huy, qué miedo!

Carpa Escolar 3:

Es un sitio muy feo.

Truchino:

Aun así, yo debo ir. Me espera allí mi madre; eso es seguro.

Carpa Escolar 4:

Señor maestro, ¿le podemos ayudar?

Carpa Escolar 5:

¡Sí, profe, vayamos!

Carpa Maestro:

Aunque bien quisiera, no podemos. Vuestros padres os esperan.

Carpa Escolar 4:

(Contrariado, también como los demás) ¡Vaya!

Carpa Maestro:

Ya llegamos tarde.

Carpa Escolar 1:

¡Ten mucha suerte!

Truchino:

Gracias, espero tenerla.

Carpa Escolar 2:

¡Estamos todos contigo!

Truchino:

Saber eso me da fuerzas. ¡Hasta pronto amigos, os visitaré!

(Todos los peces desaparecen de la pantalla. Transición musical.)

OFF:

... Y Truchino nadó con todas sus fuerzas y con todo su corazón hacia la zona de las Rocas Desdentadas. Y ni la corriente del río pudo un momento con él.

(De nuevo, transición musical, justo para cambiar el escenario. A la izquierda, se muestra la entrada a una especie de cueva. Fuera, Mina come algas, mirando con cuidado a uno y otro lado.)

MINA:

... Y se empeñan en decir que estas algas son asquerosas. ¡Donde se ponga lo verde! ¡Y qué ricas están! *(Pausa)* ¡Ya estoy harta de pesticidas y otros contaminantes! ¡Qué difícil se me hace con ellos la digestión! *(Pausa; volviendo a comer algas)* En cambio, esto está... ¡Hummm! ¿Eh?

¿Quién eres tú? *(Descubriendo a Truchino que permanecía oculto entre las algas más frondosas)*

TRUCHINO:

Yo... soy Truchino. ¡No me haga daño!

MINA:

¿Qué haces aquí?

TRUCHINO:

Busco a mi mamá.

MINA:

¿Tu madre es la trucha viuda?

TRUCHINO:

Sí, ¿dónde está? ¿Lo sabe?

Mina:

Ahí dentro y se encuentra bien. Tan sólo está triste...

Truchino:

¡Quiero verla! ¡Lléveme, por favor!

Mina:

¡Estás loco! ¡Don Sucio acabaría en un segundo contigo! Y de paso, conmigo también.

TRUCHINO:

¡Ayúdeme, por favor!

MINA:

No puedo hacerlo. No sabes bien cómo es. Pronto, cuando muera el río, su poder será inimitable. Y ni los humanos podrán con él.

TRUCHINO:

Pero, ¿quién es ese don Sucio?

MINA:

Cambió su cuerpo y su mente cuando la fábrica de los humanos vertió desechos cerca de su hogar. Era un cangrejo tranquilo. Mi marido y yo, también.

TRUCHINO:

¿Y ahora?

MINA:

Ahora sólo desea el poder sobre el río. Nos embarcó en esto a mi esposo y a mí..., pero también me da miedo.

TRUCHINO:

Ayúdeme...

MINA:

¿Cómo?

TRUCHINO:

Liberando a mi madre… De don Sucio, me encargo yo.

MINA:

Pero, ¿y mi marido?

TRUCHINO:

No se preocupe, le convenceremos los dos.

(Transición musical. Nos encontramos ahora en la guarida de don Sucio. Algunos elementos la muestran: otros barriles –esta vez más pequeños– comparten protagonismo con algunos cacharros de cocina –una gran olla, por ejemplo– además de una variedad de algas azules fosforescentes que ocupan una especie de terrario. Don Sucio las observa mientras la señora Trucha, encadenada, gimotea, y Conta, rebuscando en una lata de desechos, se alimenta un poco.)

Don Sucio:

Pronto estarán crecidas. Sustituirán a las verdes y será el único color permitido junto con el gris y el negro.

Conta:

¡Vaya! Estos desechos cada día vienen peor preparados. ¡Qué lata! ¿Quiere un poquito, señora?

Mamá Trucha:

¡Qué asco! ¡Por supuesto que no!

Don Sucio:

Usted se lo pierde. Quien no los coma, no sobrevivirá. Así de fácil.

Mina:

(Entrando a la guarida) Se acabó mi ronda. ¡No hay peces cerca!

Conta:

¿Qué peces se atreverían a venir hasta aquí, querida Mina?

Mina:

Peces no, pero he visto hombres.

Don Sucio:

¿Hombres? Seguro que son bañistas. ¡Qué plaga! Pero, ¿y si son de esos que quieren limpiar el río? ¡Ésos son los peores!

MAMÁ TRUCHA:

¡Ojalá haya suerte!

DON SUCIO:

¡Calle, señora!

CONTA:

¿Salgo a averiguarlo, jefe?

DON SUCIO:

Voy contigo por si hay peligro. Mina, vigila a la trucha.

MINA:

Sí, señor, con mucho gusto.

(Don Sucio y Conta abandonan la guarida. Muy breve transición musical. Entra entonces Truchino. La madre al verle se sobresalta y se llena de alegría.)

MAMÁ TRUCHA:
¡Hijo! ¿Qué haces aquí? ¡Cuánta alegría!

TRUCHINO:
¡Mamá preciosa! ¡Te eché de menos!

Mamá Trucha:

Y yo también. *(Por Mina)* Pero, ten cuidado, ella te atrapará.

Truchino:

No te preocupes. Somos amigos y va a ayudarnos.

Mina:

Sí, señora. Estoy harta de tanta suciedad. ¿Ve? La libero.

MAMÁ TRUCHA:

Gracias, Mina.

TRUCHINO:

¿Por qué otra vez te pusiste triste?

MAMÁ TRUCHA:

Él volverá.

MINA:

Y volverá enfadado cuando descubra que no había hombres, que le he engañado.

TRUCHINO:

No se preocupe. Pensará que fue atacada.

MINA:

¿Y me dejaréis aquí?

TRUCHINO:

Usted y su marido, si él quiere, vendrán con nosotros.

MINA:

¡Ay! ¡Ojalá! Encadénenme, pues. Están al volver.

(Transición musical.
Mina se sitúa en el lugar que
ocupaba Mamá Trucha,
encadenada igualmente. Las dos truchas,
madre e hijo, se colocan detrás de
los bidones de desechos y de las cacerolas.)

DON SUCIO:

(Entrando y sin percatarse de la nueva situación) ... Y pondremos a tu mujer a dieta, porque siempre ve cosas que no existen. ¡A saber qué come por ahí!

CONTA:

Sí, será lo mejor... *(Descubriendo a Mina)* Pero, ¡Mina! ¿Qué te ha pasado? ¿Quién te encadenó?

MINA:

¡Ay, maridito! La trucha resultó demasiado fuerte.

CONTA:

¡Con lo pacífica que parecía!

DON SUCIO:

Para que no se fíen.

CONTA:

¡Ahora dirá a todos dónde nos encontramos!

DON SUCIO:

Es hora entonces de poner en marcha mi plan definitivo.

CONTA:

¿Qué plan?

MINA:

Eso, ¿qué plan?

DON SUCIO:

¡El plan total! ¡El exterminio del río!

CONTA:

¿Cómo es ese plan?

DON SUCIO:

El uranio activo que producen mis algas azules reaccionará con el uranio de los desechos y entonces…

CONTA:

¿Qué?

DON SUCIO:

Se producirá una enorme explosión y todo el río morirá. Y con el río, el campo al que riega, incluso el mar… Será la venganza contra los humanos… *(Tierno, por momentos, gimoteando)* Yo era un cangrejo pacífico…

CONTA:

(Consolándole) Ya, ya… ea, ea…

DON SUCIO:

(Reaccionando) Pero eso se acabó. Vean qué feo y deforme soy.

CONTA:

Pues yo no lo veo tan mal; con algún retoque…

DON SUCIO:

Trae la olla más grande.

CONTA:

Aquí está la olla.

DON SUCIO:

Arrancad unas algas azules y colocadlas debajo.

MINA:

¿Y el fuego? Con el agua nunca se podrá encender.

DON SUCIO:

No hace falta fuego alguno. La fosforescencia da suficiente calor.

CONTA:

(Quemándose al arrancarlas) ¡Ay! ¡Sí! ¡Dan bastante calor!

(Se coloca la olla y vacían desechos. Pronto comienza la ebullición. El azul empieza a llenarlo todo.)

DON SUCIO:

¡Ya! ¡Funciona! ¡Lo sabía! ¡Mi cerebro también se desarrolló!

CONTA:

¡Es todo un sabio!

DON SUCIO:

¡El mayor!

MINA:

¡Ya cuece el uranio!

DON SUCIO:

¡Pronto será la explosión!

TRUCHINO:

(Apareciendo) Pues ahora también es el momento. ¡Vamos, mamá! ¡Vamos, Mina!

MAMÁ TRUCHA:

(Sorprendiendo a don Sucio, al que arrojan dentro de la olla) ¡Ahora!

DON SUCIO:

¡Ay, qué calor! ¡Sacadme de aquí!

CONTA:

Pero, Mina, ¿por qué?

MINA:

No es justo que todos paguemos esta locura. ¡Quiero mi casa, mi orilla!

CONTA:

Yo también, pero como él era el jefe, pues...

Don Sucio:

¡Ay, que estoy empezando a cambiar de color! ¡Socorro!

Truchino:

¿Promete que nos dejará tranquilos!

Don Sucio:

Lo prometo, lo prometo...

Mamá Trucha:

¿Y que no intentará acabar con el río?

Don Sucio:

¡Síiiiiii! ¡Rápido, por momentos pierdo mis fuerzas y mi inteligencia!

Mamá Trucha:

Saquémosle de ahí. Será lo mejor.

Don Sucio:

(Una vez que entre todos saquen al cangrejo, apartando la olla de las algas para que cese la combustión) ¡Ay! ¿Dónde estoy? ¿Qué lugar tan feo es éste? Prefiero las rocas, o mejor, mi orilla.

Mina:

Allí es donde iremos, ¿verdad, marido?

CONTA:

Como tú digas, querida.

TRUCHINO:

Y ¿qué haremos con esto?

MAMÁ TRUCHA:

Taparemos bien la entrada para que no afecten a las aguas ni las algas azules ni los desechos.

TRUCHINO:

¿Y la fábrica?

MAMÁ TRUCHA:

Espero que los humanos se den cuentan que también es asunto suyo. Entre ellos hay grandes sabios.

TRUCHINO:

Pero otros muy brutos.

MAMÁ TRUCHA:

Confío en que los más pequeños sean de los primeros. Con ellos, vigilantes, todo será mejor.

(Objetos y algas van desapareciendo, también las rocas de este decorado. Finalmente, van desapareciendo también los

peces. Todo vuelve a ser transparente y bello, como al principio.)

OFF:

Y de este modo, queridos amigos, el río continuó siendo el río, a veces más limpio, otras veces menos... Ojalá cuanto deseó Mamá Trucha se cumpla y los humanos sepan vencer finalmente la contaminación que los amenaza. Es bueno para todos que los ríos sigan siendo cintas cristalinas, así, como continúa siendo el de esta historia que ahora acaba: un largo y limpio río que la naturaleza un día dibujó para todos.